El 7mo Hijo

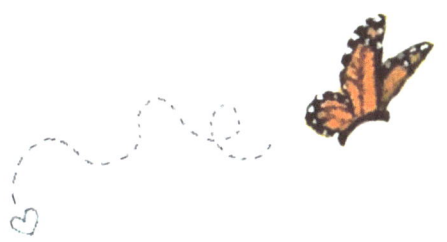

Una historia de Brenda Jenkyns
Ilustrada por Siren

Brenda Jenkyns: www.michaeljacksoneverafter.com
Siren: www.mjartbysiren.com

ISBN 10: 1523990635
ISBN 13: 9781523990634

Gracias a:

Carol Hodges
Wayne Van Tighem
Alexis Schlemm

Traducción española por Elizabeth Johnson

For Michael, our Maestro

with L.O.V.E ~ BJ & Siren

Una tierra mágica existió una vez, más cerca de aquí que se puede imaginar. La brisa bailaba entre los ríos, montañas, nubes y valles, tejiendo un tapiz de belleza. Flores brillantes y un exuberante follaje pintaban las colinas en una obra maestra de color. Las melodías de los pájaros, el zumbido de las libélulas y las abejas, y el ruido del agua golpeando sobre rocas y cascadas, se unían en ritmo, la Música de la Vida. Toda la tierra estaba llena de Magia.

Los habitantes de la tierra vivían en armonía con toda la naturaleza y con sus semejantes. Una conexión sagrada existía entre la gente, y la totalidad Única de la Creación. Ser sostenidos en aquellos brazos Amados era su mayor alegría. Las personas expresaban su profundo amor y gratitud por todo lo que habían recibido, dando su mejor esfuerzo a cambio. Para escuchar la llamada de sus corazones y permitir que la alegría de la vida fluyera a través de ellos, compartían sus dones. Algunas personas elegían ser artistas, pintores, escultores, escritores, poetas, bailarines o músicos. Otros eran científicos, inventores, pensadores o filósofos. Otros se sintieron atraídos a ser cuidadores, constructores, jardineros, o maestros. Estaban dedicados a sus caminos elegidos, desafiándose a sí mismos para expandir su conocimiento y comprensión mediante la exploración de nuevas ideas y posibilidades. Sus vidas eran una aventura de descubrimiento. Los obstáculos que enfrentaban eran vistos como oportunidades, lo que permite a la gente expandir sus almas optando por el amor y la compasión en cada momento. Cuanto más daban de sí mismos, más se llenaba de alegría sus corazones.

Todas las formas de vida eran reconocidas como partes valiosas y únicas de la Unidad. Los animales y las plantas eran tratados con reverencia y respeto. Cuidar de la naturaleza, como ella cuidaba de ellos, les aseguraba que no habría falta de ningún tipo en la tierra. Todo era una Única y Total Alegría.

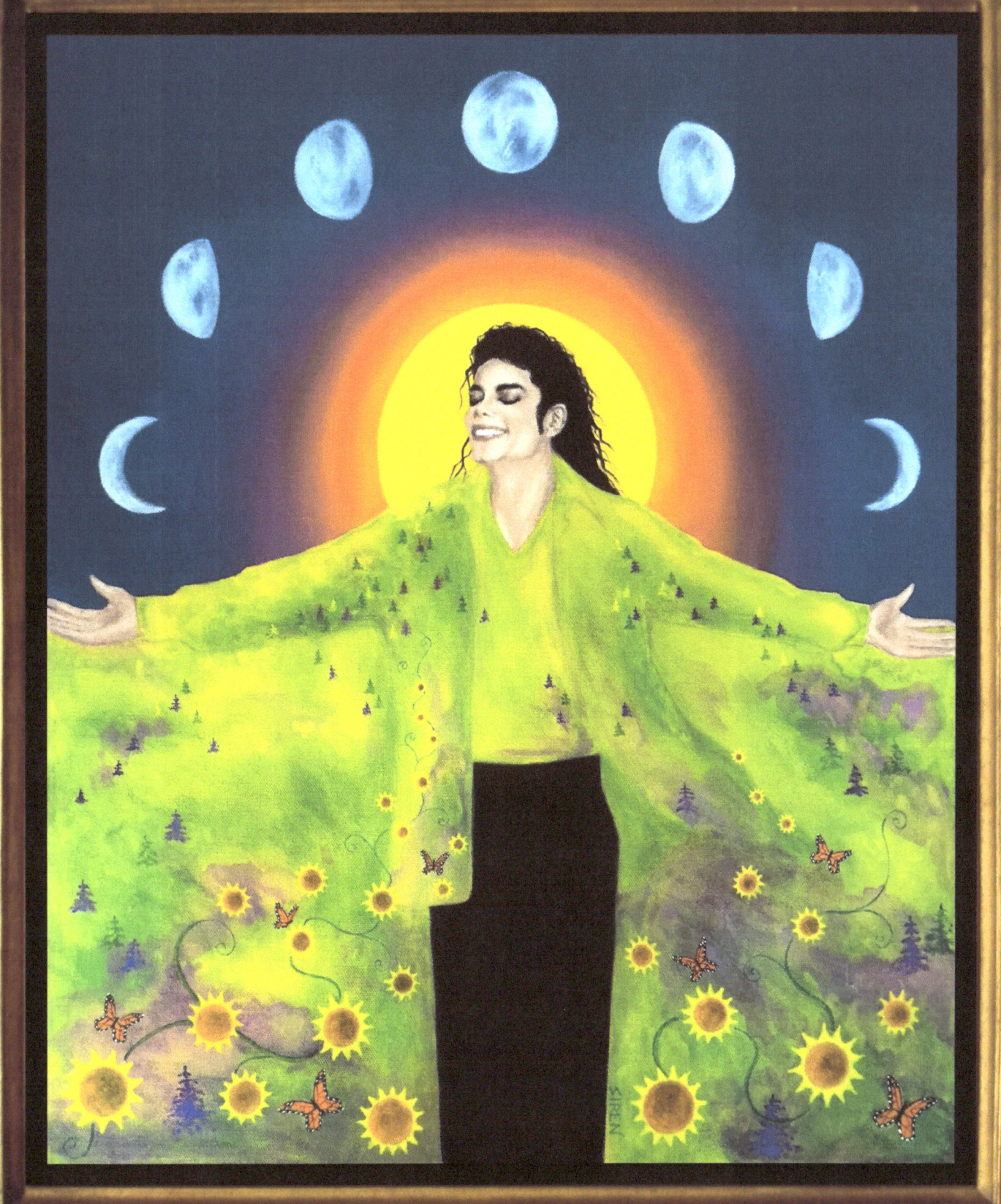

La Chispa de la Creación

En medio de esta belleza prístina, una mujer descansaba a la sombra de un añejo árbol de mango. No oía el susurro del viento entre las hojas, ni veía las mariposas que revolotean entre las flores. Perdida en sus pensamientos enredados, estaba ciega a la perfección y a la armonía a su alrededor. A pesar de que vivía en una tierra de belleza y abundancia extrema, la mujer no sentía alegría dentro de ella ni su conexión a la Unidad de la vida. Otros parecían saber un secreto que ella ignoraba. No se sentía inspirada a dedicar tiempo y energía para encontrar su don creativo, o para compartirse a sí misma con los demás. Se sentía abandonada.

"¿Qué pasaría si…?" Un pensamiento susurró en su mente. "¿Qué pasaría si este árbol fuera MI árbol?" La mujer miró rápidamente a su alrededor, preguntándose de dónde la idea podría haber venido. Sólo veía el árbol, las mariposas y una serpiente descansando a la sombra de las ramas con toda tranquilidad.
"Eso es imposible", pensó la mujer, "nada puede ser separado de la totalidad de todo."
"Pero, ¿y si pudiera ser?", insistió el susurro. "¿Qué pasaría si…?" La mujer miró a los mangos maduros que colgaban del árbol. ¿Y si fuera posible? ¿Y si ella SÍ podía dar un paso fuera de la Unidad y ser alguien Especial? Si este árbol fuese suyo, ella ya no se sentiría abandonada. Cuanto más pensaba en ello, más parecía que el árbol ya era suyo.

En ese momento, un niño que corría detrás de las mariposas se detuvo para recoger un mango de una rama baja. La mujer titubeó por un momento y luego saltó y gritó, "Detente. No puedes tomarlo, es MI árbol de mango. "El niño se sorprendió. ¿Cómo puede ser esto? ¿Era posible que alguien fuera dueño de un árbol? El niño dejó caer el fruto y corrió a decir a los demás lo que había sucedido. Al poco tiempo, la historia se había extendido por todo el país. ¿Podría ser verdad? ¿Qué significaba? Todos los que se enteraron acerca de este extraño suceso dejaron lo que estaban haciendo y, por primera vez, se preguntaron qué ocurriría a continuación. Algunas personas rechazaron la idea imposible de ser dueño de la naturaleza, pero otros decidieron que debían darse prisa y reclamar lo que querían para sí mismos antes que lo hicieran los demás.

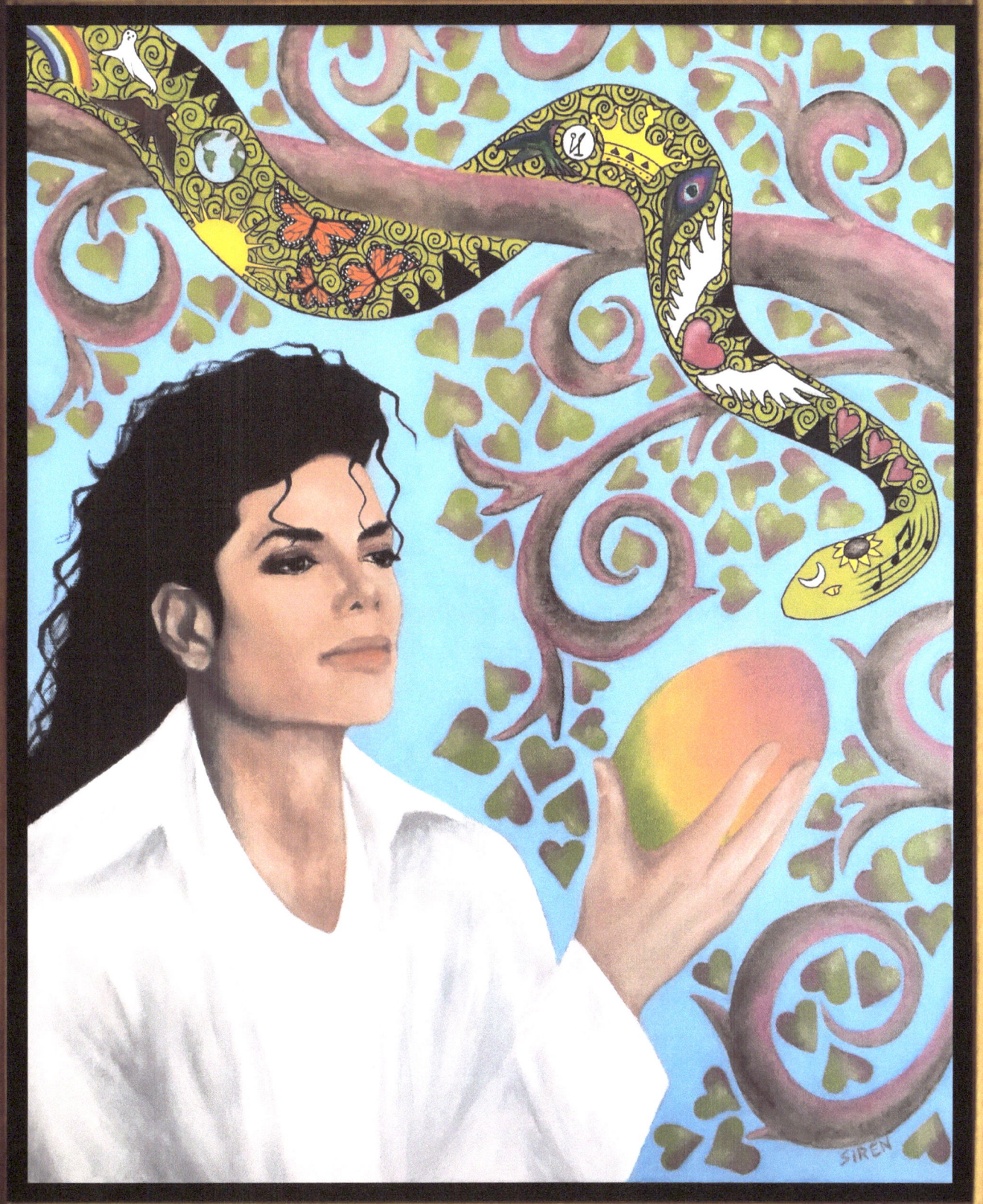

Sin Veneno, Sin Silbido

Este fue el comienzo de una época diferente en la tierra. La idea de la separación cambió gradualmente las mentes y los corazones de las personas. La creencia de ser dueños de lo que previamente había sido compartido por todos, hizo que las personas se dedicaran a reclamar lo que era suyo, a mantener lo que tenían y a tratar de conseguir más de lo que querían. La abundancia que había estado allí durante tanto tiempo parecía haber desaparecido. Ahora parecía no haber suficiente de nada.

La diversidad que había enriquecido sus vidas se había convertido en motivo de división. La gente comenzó a notar las diferencias entre ellos y los demás, y se separaron en muchos grupos de acuerdo con estas diferencias. Los grupos compitieron entre sí y trataron de tomar el control del agua, los árboles, las plantas, los animales y la tierra misma. Esta manera antinatural de ser era perjudicial para el equilibrio perfecto y la armonía que la naturaleza había proporcionado. La gente ya no se dedicaba a lo que más quería. Se habían olvidado cuán importante su expresión personal de la alegría había sido alguna vez para ellos. Ahora ponían toda su energía en protegerse a sí mismos y sus posesiones. Las personas lucharon. Todo sufrió.

Algunas personas se aprovecharon de estos cambios y reclamaron un lugar de poder y control. Estas personas, que llegaron a ser llamadas "los del Medio", se encargaron de mantener a otros en sus grupos. La gente comenzó a olvidar la Unidad que había sido su cimiento. Durante muchas generaciones, los habitantes de la tierra dejaron de apreciar lo mágica que era. Ya no podían ver la belleza a su alrededor, aunque todavía estaba allí, como siempre había estado.

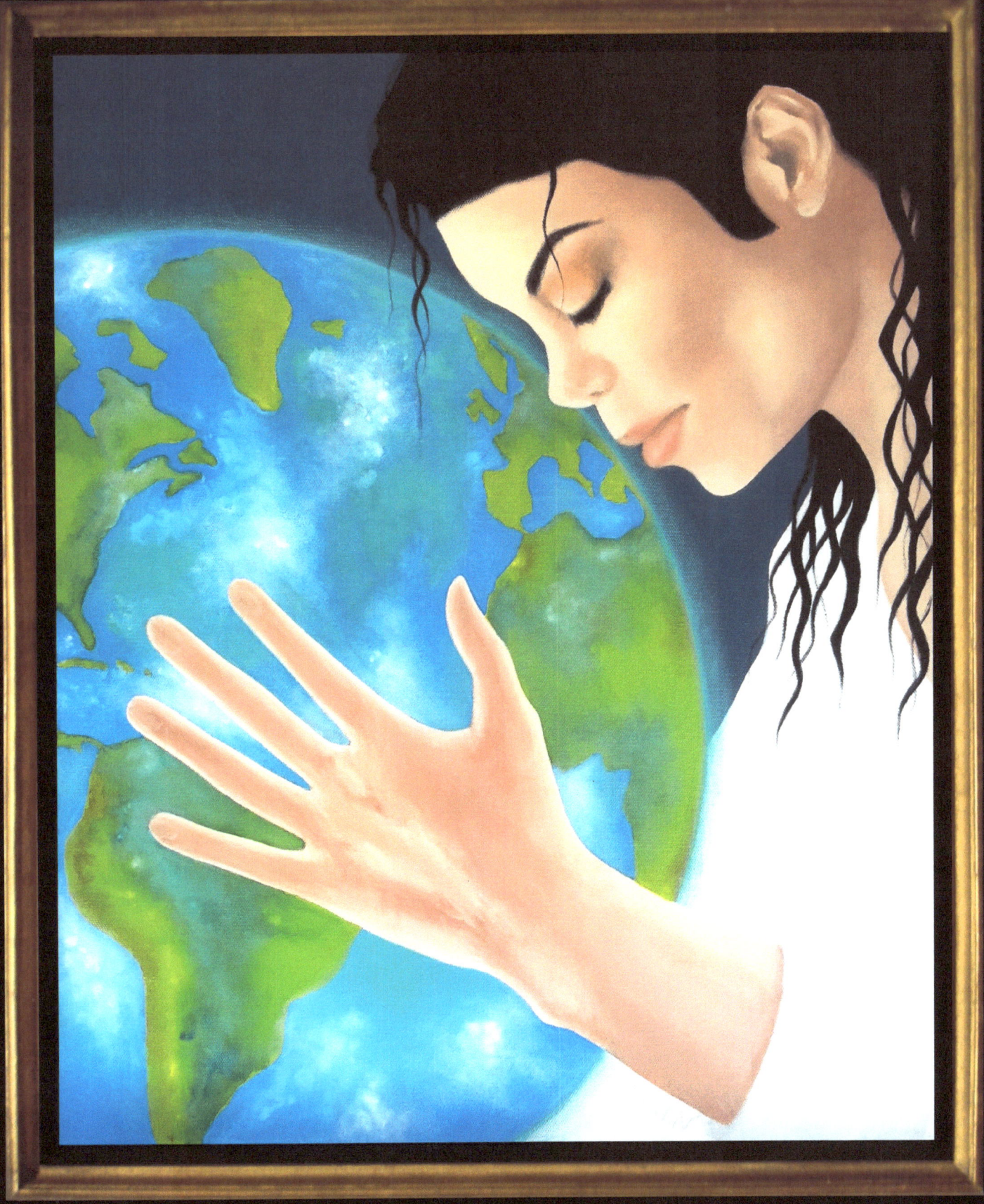

Brillo Exquisito

Los hijos de la tierra nacieron en la alegría y la inocencia que venía por pertenecer a la Unidad de Vida. Estaban despiertos a las maravillas a su alrededor y confiaban y amaban de manera natural a los demás sin miedo. Ellos vivían en el momento, como los niños siempre lo han hecho, creyendo en la magia con facilidad y abiertos a todas las posibilidades. Recordaban su conexión con la naturaleza y con los demás. A medida que aprendían la manera fracturada de la vida que ahora se había convertido en algo normal, los niños gradualmente dejaban de creer en la magia y veían el mundo como un lugar competitivo. Su inocencia se desvaneció. Con el tiempo, en lugar de compartir sus corazones con los otros, se separaron de las alegrías de la infancia, y se transformaron como los adultos que los rodean.

A cada niño se le alentó a elegir una ocupación que trajera seguridad y posición social a su familia. Los primogénitos tenían la mayor oportunidad. A menudo se convertían en los del Medio, que era una posición de prestigio en la sociedad. Los niños de familias grandes tenían menos posibilidades disponibles, ya que los recursos eran limitados para ayudarles a salir adelante en la vida.

Alrededor de este tiempo, nació un séptimo hijo. Como a todos los niños, le gustaba reír y jugar, pero había algo diferente acerca de este niño. Tenía una profundidad y serenidad en sus ojos que hablaban de sabiduría antigua. Belleza y alegría era todo lo que él veía, y esto se refleja en todo lo que hacía. Él absorbía las imágenes y sonidos a su alrededor y los entretejía en hermosa música, letras y danza. Este era fácil y natural para él. La Fuente de la cual fluía toda la Vida, se expresaba a través de su corazón puro y su conexión con la Verdad. Él era la Unidad que había sido olvidada. Cuando bailaba, se convertía en la música. Cuando cantaba, se convertía en la canción.

La expresión del alma del séptimo niño no fue reconocida o apreciada. El arte, en cualquier forma, ahora se consideraba innecesario e inútil en la tierra. ¿Cuál era el propósito de la música y la danza? No llevaba comida a la mesa o posición social a la familia. Se esperaba que el niño no tardaría mucho en encontrar una manera más útil de dedicar su tiempo.

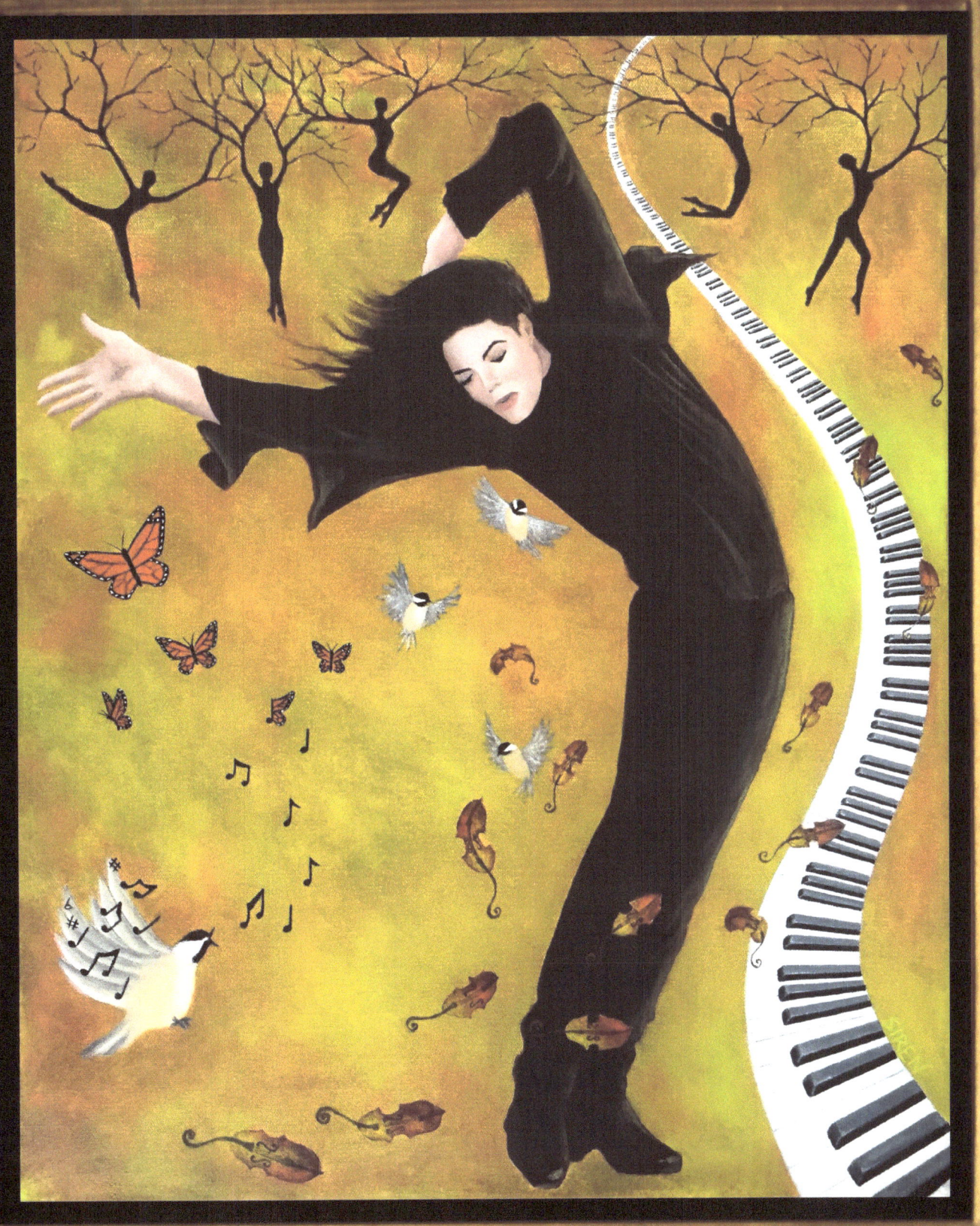

Música de la Vida

Al séptimo hijo no le preocupaban las expectativas de los demás. Estaba escuchando la Música de la Vida. Sus ideas y creatividad eran inagotables. Su Alegría venía de expresar su conexión con su Alma, y de compartir sus dones con los demás. Su sueño era hacer que la magia y la maravilla que él veía, revelaran la armonía y el amor de toda la Creación. Si la gente podía sentir su conexión con la Unidad de Vida, el mundo podría volver a ser un lugar de libertad y alegría. El séptimo hijo demostró esta verdad a través de su vida y su arte. Bailó, cantó y habló de paz, amor, Unidad, y del cuidado de la tierra y entre sí.

Su música trajo alegría a los demás y los inspiró a creer en sí mismos. Su energía y compasión tocaron profundamente a la gente. La belleza y el amor que veía en todo el mundo, les permitía ver dentro de sí mismos. Los adultos recordaban lo que había sido ser niños. Los niños veían que era posible hacer realidad sus sueños. La gente empezó a recordar sus similitudes en lugar de sus diferencias. Pronto, el séptimo hijo fue conocido como Maestro en toda la tierra a causa de la armonía que llevaba dondequiera que fuera. En su presencia, las personas se amaban unas a otras y se olvidaban de las cosas que parecían separarlas.

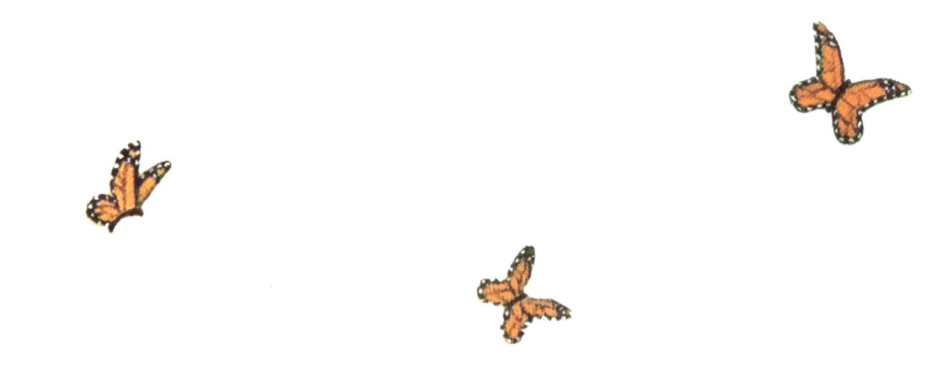

Había quienes no estaban nada contentos con lo que el Maestro estaba haciendo. El propósito de los del Medio en la vida era asegurarse de que todos se quedasen en sus grupos e hicieran lo que se esperaba. Mientras el Maestro fue un niño, los del Medio no estaban preocupados acerca de sus formas inusuales. Esperaban que creciera y olvidara el mundo mágico en el que creía. Pero a medida que maduraba, él continuó compartiendo su asombro e inspirando a la gente a ser más de lo que pensaban que podían ser. En lugar de olvidar la infancia, llevó el poder de la inocencia y la confianza a la edad adulta. Todo en él era una demostración de bondad, comprensión y amor para todos.

A medida que el Maestro expresaba su creencia en la Unidad y la belleza, empezó a transformarse en un problema para los del Medio. Él ya no podía ser confinado a su propio grupo. Ni siquiera era claro a qué grupo pertenecía. Parecía identificarse con todos los grupos, y ellos con él. No se permitía a sí mismo ser limitado o definido. Él era la conexión entre todos. Alentaba a todos a creer en sí mismos y a tener compasión por los demás.

A pesar de que era un séptimo hijo, se convirtió en un éxito y tenía muchas posesiones y mucho respeto e influencia. Esto no cambió al Maestro de ninguna manera. Se mantuvo humilde y agradecido por el reconocimiento que la obra de su vida estaba recibiendo. Él daba libremente todo lo que poseía a los que tenían menos. Él no veía la necesidad de aferrarse a las posesiones materiales. Esta manera de ser benéfica era totalmente desconocida en la tierra. Los seguidores del Maestro aumentaron en número y las personas comenzaron a despertar a su verdadera naturaleza del Amor.

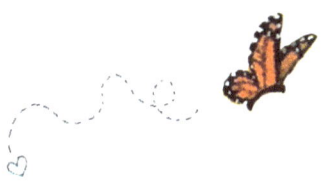

Los del Medio se preocuparon por su papel como líderes del pueblo. Con su naturaleza impredecible, nadie podía decir lo que el Maestro podría hacer a continuación. Lo que él demostraba era lo contrario de todo lo que los del Medio habían trabajado para mantener. Se sintieron amenazados por esta misteriosa fuerza que no podían controlar o entender. Realizaron una reunión para discutir lo que debía hacerse acerca del Maestro. Comenzaron a utilizar su influencia y poder para desacreditarlo. "Mírenlo", le decían a la gente. "Él no se parece a nosotros, no actúa como nosotros, no piensa como nosotros. Él no es uno de nosotros. ¿Quién es este hombre? Es tan diferente. Es un artista. ¡Es un séptimo hijo! Él no es de fiar".

El Maestro estaba al tanto de las acciones de los del Medio, pero no los enfrentó ni se defendió. Él estaba conectado a la profunda sabiduría de la vida. Él no dio marcha atrás en la exposición de las formas dañinas que habían llegado a ser aceptables. Eligió utilizar la expresión creativa de su música para oponerse a las fuerzas del odio, el miedo y la desconfianza que privaban a la gente de reconocer su Unidad.

Cuando los del Medio vieron que el Maestro no se iba a adaptar, trabajaron aún más duro para detenerlo. Comenzaron los rumores acerca de él. Contaron historias que lo mostraban como extraño y anormal. Las personas cuyas vidas habían sido tocadas por el Maestro reconocieron estas mentiras, pero la tierra era grande y había quienes escuchaban a los del Medio y creyeron lo que decían sobre el Maestro. Otras personas sabían de las mentiras, pero permanecieron en silencio, sin querer llamar la atención sobre sí mismos. A pesar de que era muy querido por toda la tierra, no se hizo nada para detener los esfuerzos de los del Medio para perjudicar al Maestro.

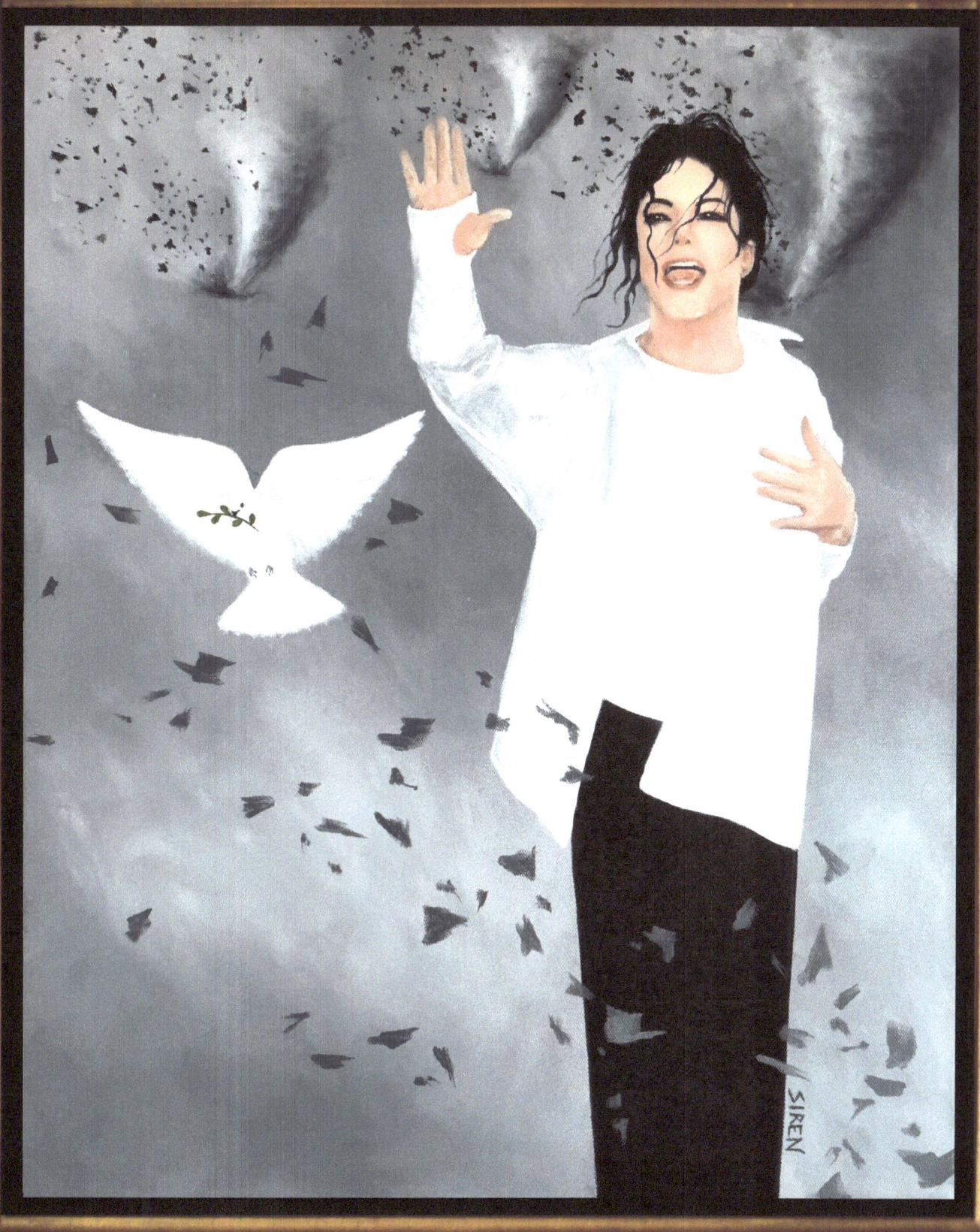

El Poder de la Inocencia

El Maestro no se vio afectado por el caos a su alrededor. Él era la alegría que veía en todo. Compartir todo continuó siendo su vida. En especial le encantaba estar con los niños, ya que eran más como él. Su bondad sencilla, honestidad y alegría eran su inspiración y esperanza. Algunas personas pensaban que debía protegerse de los ataques de los del Medio mediante el cumplimiento de sus expectativas, pero defender la verdad era lo que había venido a hacer, y se negó a comprometer esto de ninguna manera. Él continuó siendo lo que siempre había sido, sencillo y sincero.

Luego, los del Medio trataron de utilizar al Maestro para hacerse ricos y poderosos. Algunos de ellos se aprovecharon de su inocencia y confianza para acercarse a él, y tomaron muchas de sus posesiones para sí mismos, pero él permanecía en un estado de gracia. Nada de lo que podían quitarle podría cambiar la verdad de quién era.

Los del Medio mantuvieron una reunión de emergencia. Estaban decididos a encontrar otra manera de convertir a la gente contra el Maestro. Ellos conspiraron para hacer que un niño mintiera y dijera que el Maestro le había hecho daño. A pesar de que la mentira fue expuesta, esta crueldad dañó al Maestro profundamente. Precisamente lo que más amaba había sido utilizado en su contra. Incluso durante este tiempo de dolor, la música fluía dentro de él y continuó compartiendo su mensaje de Amor.

Esto enfureció a los del Medio y decidieron hacer todo lo posible para acabar con él de una vez por todas. El Maestro no hizo nada para detenerlos. El amor era el fundamento de su música, su danza, y todo lo que él era. Sabía que su poder provenía de otra Fuente. Sufrir voluntariamente las espinas de la ignorancia y el miedo, y seguir amando en respuesta, fue la forma en que demostró esta Verdad.

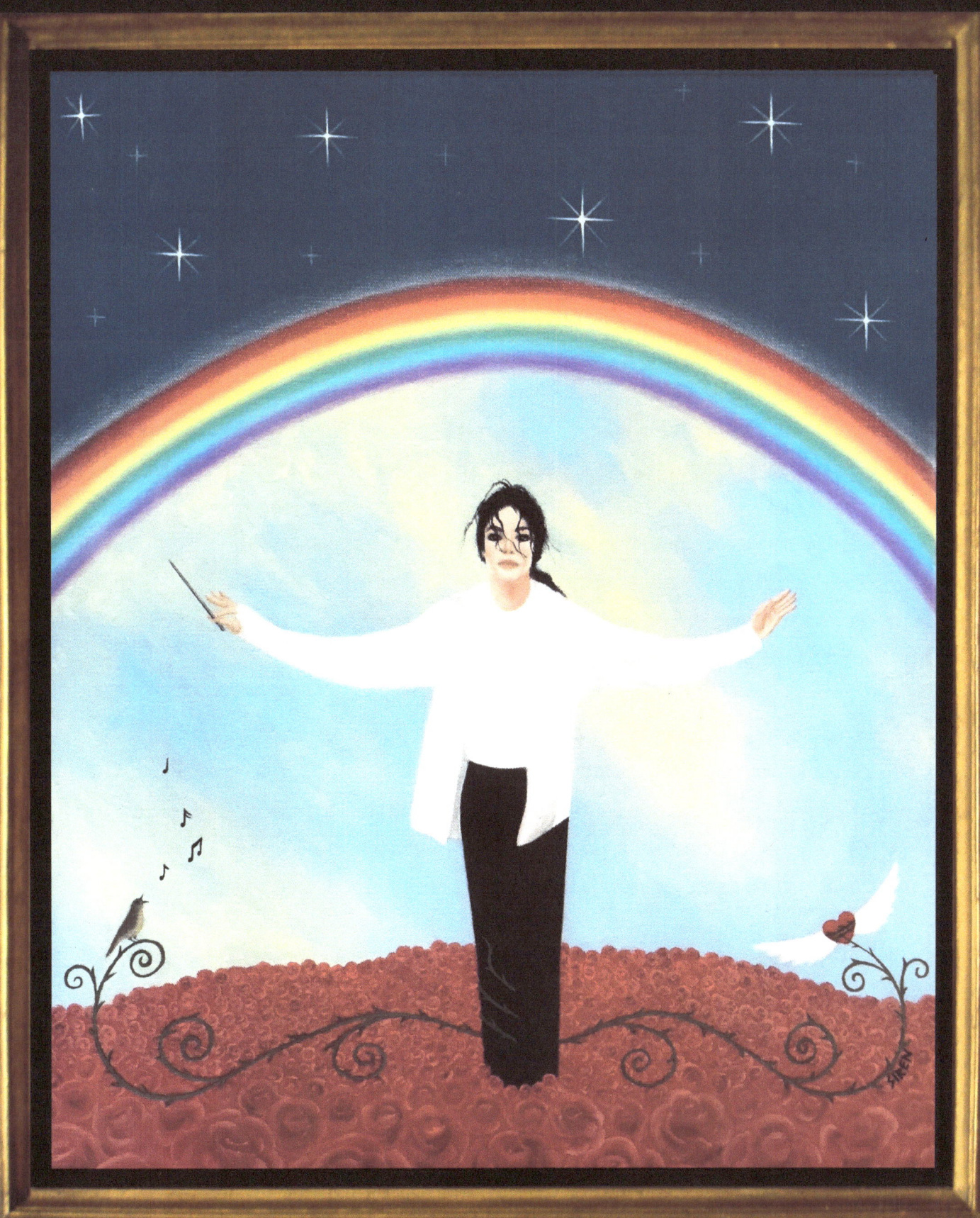

Fuerza Misteriosa

El Maestro dedicó su vida a dar todo de sí mismo al mundo. Con el tiempo, llegó el momento en que decidió cerrar los ojos por última vez y se fundió con la melodía una vez más, en forma de amor puro. En ese instante, un exquisito resplandor iluminó la faz de la tierra, encendiendo Chispas de la Creación dentro de los corazones de la gente en todas partes. La gente se miró entre sí de una manera nueva, y vio que no había diferencias entre ellos. El Conocimiento de la Unidad iluminó los pensamientos de separación. La gente optó por dedicar su vida a convertirse en su verdadero ser, inspirados por el Maestro. Lo hicieron mediante la expresión de su creatividad, y amándose los unos a los otros como él los había amado. Muchos de los que no habían conocido el Maestro en vida sentían sus corazones abiertos, y comenzaron a recordar la Unidad que se había olvidado durante tanto tiempo. La tierra estaba llena de artistas, bailarines, escritores, panaderos, maestros, sanadores, y un sinfín de otras expresiones del Alma. La Danza de la Vida que el Maestro había demostrado se convirtió en su Verdad. Estaban envueltos en Sus brazos Amados una vez más.

La abundancia de la tierra comenzó a regresar. La belleza en todas las cosas fue de nuevo visible para los que tienen ojos para verla. El Maestro había creado un río de Agua de Vida, tejiendo su magia por toda la tierra, devolviéndola a la paz y la alegría. A pesar de que parecía haber desaparecido, el Maestro estaba más cerca que nunca, dentro de cada corazón, a la espera de ser reconocido.

El sueño del Maestro continúa. La gente baila con él, al son de la Música de la Vida, y una vez más dan a luz a una tierra mágica, más cerca de lo que cabría imaginar.

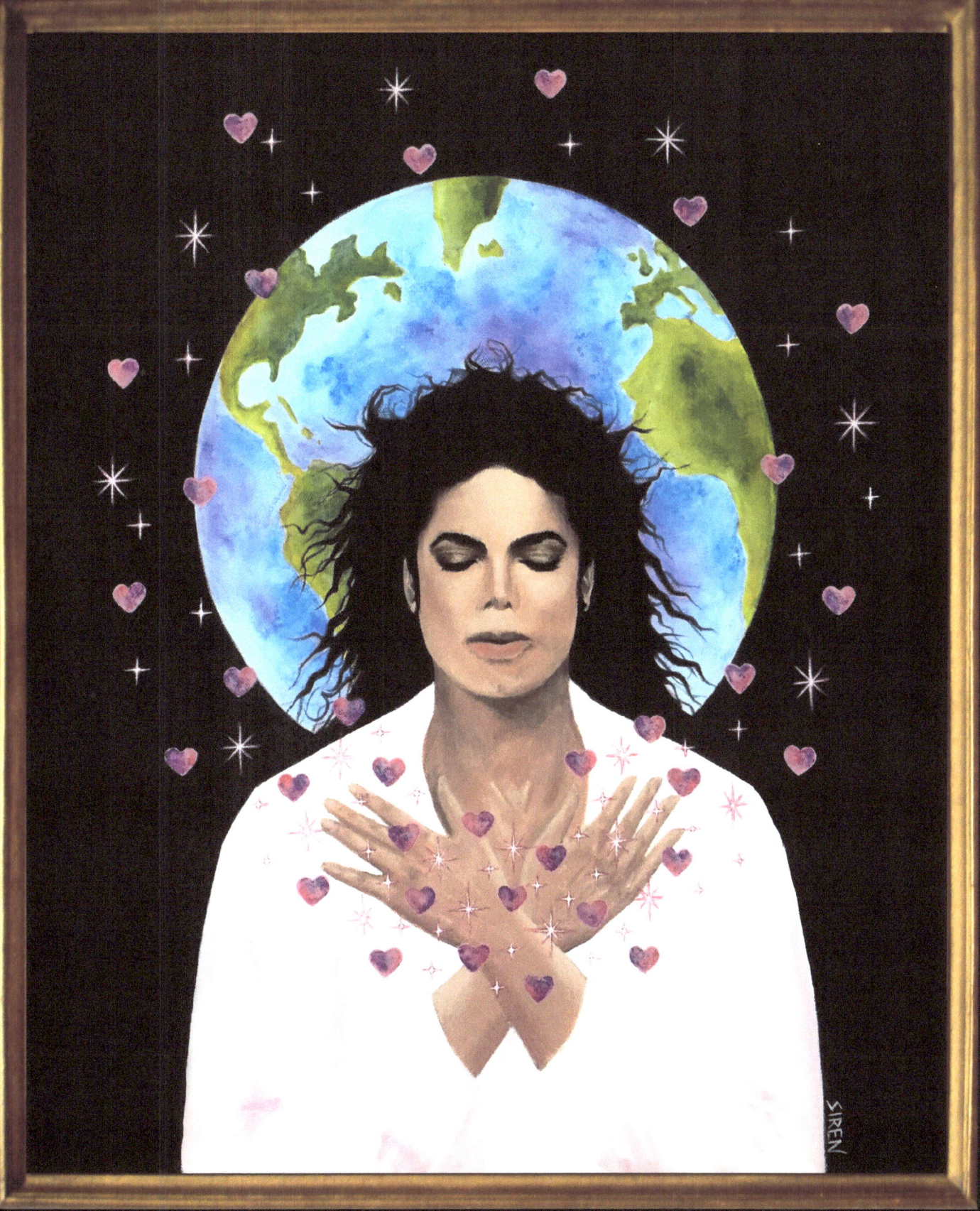

Estado de Gracia

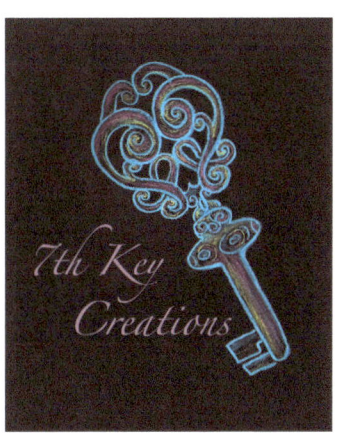

7thKeyCreations@gmail.com

www.ingramcontent.com/pod-product-compliance
Lightning Source LLC
Chambersburg PA
CBHW050438180526
45159CB00006B/2584